V

Rés. g. V.
495

SPECIMEN

DE LA

NOUVELLE FONDERIE

DE

JULES DIDOT L'AINÉ

BOULEVARD D'ENFER, N° 4, A PARIS.

PARIS
IMPRIMÉ PAR BÉTHUNE ET PLON, RUE DE VAUGIRARD, N° 36

1842

CURSIVE ALLEMANDE.

Beatrix kniete vor dem Bilde einer Heiligen. Ihre Hände waren gefaltet, aber ihre Gedanken schienen unstät umherzuirren, und ihr Blick fuhr scheu zurück, wenn er auf das fromm gen Himmel gerichtete Antlitz der Heiligen fiel, dessen selige Ruhe so sehr mit dem Zustande ihres sturmbewegten Innern contrastirte. Auch Mark lag neben ihr auf den Knieen, und betete still vor sich hin. Auf einmal schien es ihm, als bebe die neben ihm Knieende heftig zusammen, bestürzt sah er sich nach ihr um, und sah ihre Blicke starr und gespannt auf einen nahen Pfeiler gerichtet, an dem ein Mann von düsterm Aussehen in Reisekleidern lehnte. Mark, einen neuen Anfall fieberhaften Irrsinns für Beatrix fürchtend, bat sie ihr leise zuflüsternd, die Kirche zu verlassen, aber Beatrix hörte nicht auf ihn; ihre Augen hafteten noch immer auf demselben Gegenstande, während eine krampfhafte Bewegung ihr Gesicht durchzuckte. Auch der Fremde hatte sie wahrgenommen, und sein finsterer Blick ruhte forschend auf ihrem Gesicht, als suche er sich ihre Züge zu erinnern, jetzt trat er ihr näher und Beatrix heftig des Castellans Arm fassend, rief mit gepreßter Stimme: Robert! er kommt mich zu tödten! Das Bewußtsein hatte sie verlassen. Mark, in peinlicher Angst und Verlegenheit, hielt sie aufrecht, und suchte jedes Au-

AVIS

DE

JULES DIDOT L'AINÉ

RELATIF

A L'EMPLOI DE DEUX NOUVEAUX SIGNES DE PONCTUATION.

Parmi les divers signes de ponctuation reconnus suffisants pour diriger le lecteur à travers les obstacles d'une construction quelquefois embarrassée et des périodes plus ou moins nombreuses, il en est deux, le point interrogant et le point admiratif, qui se trouvent presque toujours tellement éloignés de la partie de la phrase où devrait commencer leur action, qu'au lieu de se présenter comme d'utiles moniteurs ils n'ont plus d'autre effet que celui d'un tardif avertissement qu'a précédé l'erreur. Telle façon de parler, interrogative ou admirative, comme on en est finalement convaincu, s'offre d'abord sous une apparence différente. Mais l'intention de l'auteur peut rester quelque temps secrète ; et le lecteur, chargé de lire à haute voix dans une assemblée, quelque habile qu'on le suppose, fût-il assez exercé pour anticiper de deux lignes sur les mots qu'il prononce, aura très rarement aperçu le signe indicatif du ton qu'il doit prendre : il ne pourra même en soupçonner la rencontre si la phrase, commencée au bas d'une page, ne finit que de l'autre côté du feuillet. Dès que ce lecteur s'aperçoit qu'il a pris une inflexion de voix opposée à celle qu'il devait prendre, il ne lui reste d'autre ressource que de recommencer la phrase du ton dont elle devait être lue ; ou de ne point manifester l'erreur qu'il vient de reconnaître, mais dont ne peuvent être dupes ceux qui l'écoutent avec quelque attention. Peut-on cependant s'en prendre au lecteur, et lui attribuer cette méprise ? Non ; la faute était inévitable, il n'est personne qui n'en ait fait l'expérience. Ces tours de phrases, dont la ponctuation seule précise le sens, se présentent trop fréquemment pour qu'il soit nécessaire d'en donner ici des exemples.

Jusqu'à présent les Espagnols sont les seuls qui aient trouvé le moyen de remédier à un tel inconvénient. Depuis long-temps ils ont pris le parti de placer en avant de la phrase le point interrogant, ou le point admiratif, sans se dispenser de le reproduire à la fin, suivant l'usage établi. De cette manière l'avertissement précède, et prémunit contre toute erreur.

C'est donc d'après ces motifs que je me détermine à proposer cette ponctuation antécédente aux typographes, nationaux ou étrangers, et à en faire usage dans les impressions qui me seront confiées, lorsque les auteurs ou éditeurs n'auront pas manifesté une volonté contraire.

Les Espagnols se sont contentés de retourner le point interrogant et le point admiratif, mis au commencement de la phrase (*ainsi* ¿ ¡), afin de les différencier de ceux qui la terminent. Ce renversement, qui place ces points hors de ligne, produit un effet désagréable à l'œil, et ne peut être attribué qu'au dénûment d'autres signes plus convenables. J'ai donc pensé qu'il serait mieux de modifier légèrement la forme de ces signes connus : d'ouvrir, par exemple, le point interrogant placé au début de la phrase, comme on ouvre une parenthèse (*ainsi* ?), et de le fermer par le signe ordinaire (?). — Quant au point admiratif, je n'y ai mis d'autre différence que celle du renflement du plein caractéristique de ce signe. Le point admiratif ouvrant la phrase commence par un délié et finit par un plein (*de cette manière* ¡), tout à l'opposé du point admiratif et final, qui débute par un plein et finit par un délié (*comme on le voit ici* !).

J. D.

JULES DIDOT

FABLES
DE
LA FONTAINE
LIVRE PREMIER.

FABLE SEPTIÈME.
LA BESACE.

Jupiter dit un jour : Que tout ce qui respire
S'en vienne comparoître aux pieds de ma grandeur :
Si dans son composé quelqu'un trouve à redire,
Il peut le déclarer sans peur ;
Je mettrai remède à la chose.
Venez, singe ; parlez le premier, et pour cause.
Voyez ces animaux, faites comparaison
De leurs beautés avec les vôtres.
Êtes-vous satisfait ? — Moi, dit-il ; pourquoi non ?
N'ai-je pas quatre pieds aussi bien que les autres ?
Mon portrait jusqu'ici ne m'a rien reproché ;
Mais pour mon frère l'ours, on ne l'a qu'ébauché ;

ORNEMENTS TYPOGRAPHIQUES.

CORPS QUARANTE.

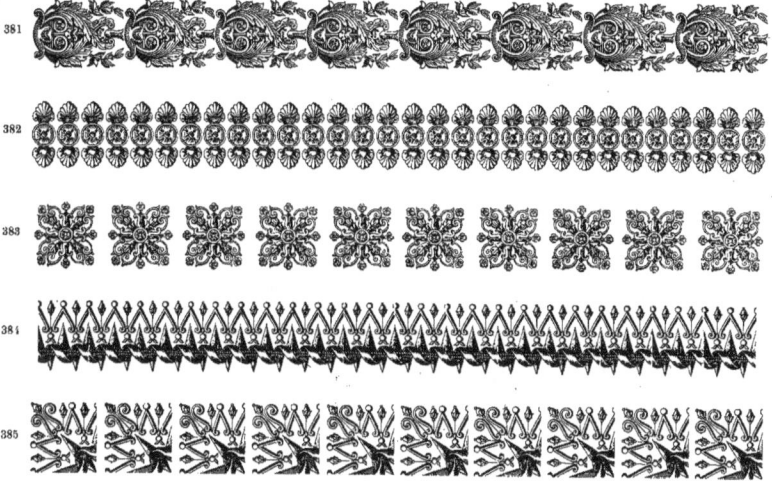

CORPS QUARANTE-QUATRE ET QUARANTE-HUIT.

NOUVELLE FONDERIE DE JULES DIDOT L'AÎNÉ, BOULEVARD D'ENFER, 4, A PARIS.

Suite des corps quarante-quatre et quarante-huit.

CORPS SOIXANTE-SIX.

NOUVELLE FONDERIE DE JULES DIDOT L'AINÉ, BOULEVARD D'ENFER, 4, A PARIS. 35

CORPS QUATRE-VINGT-HUIT.

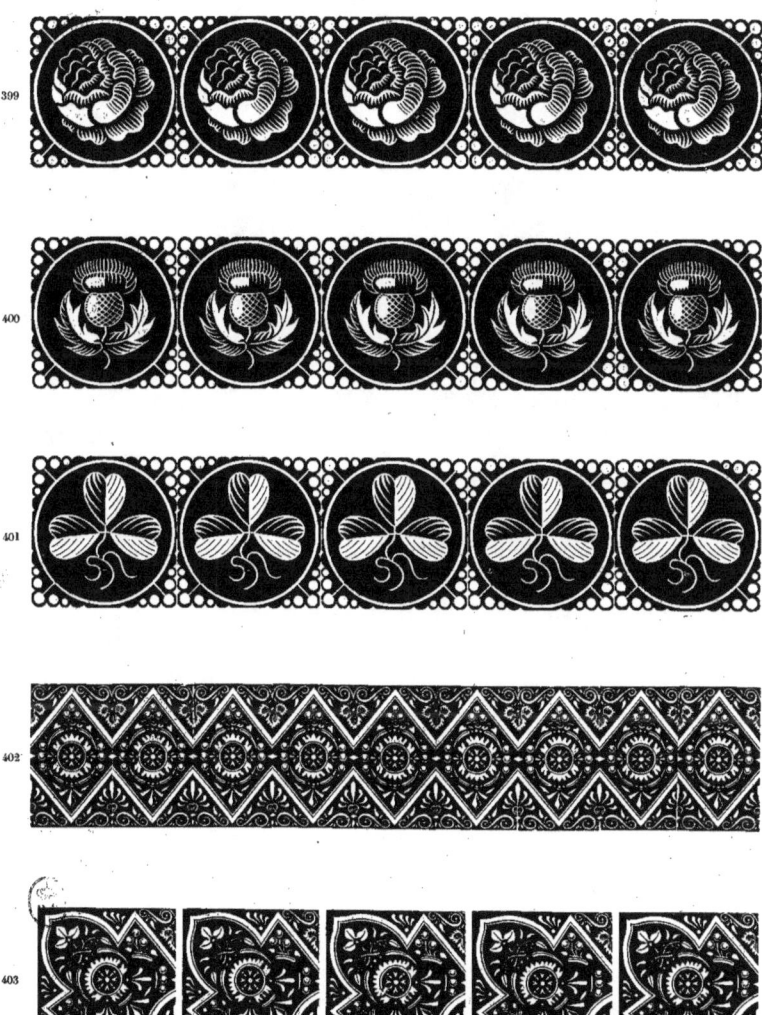

NOUVELLE FONDERIE DE JULES DIDOT L'AÎNÉ, BOULEVARD D'ENFER, 4, A PARIS

N° 14. — Initiales corps trente-six.

IMPAVIDUM FERIENT

N° 15. — Initiales corps quarante.

IMPAVIDUM FERIE

N° 16. — Initiales corps quarante-quatre.

IMPAVIDUM FER

N° 17. — Initiales corps quarante-huit.

IMPAVIDUM FE

N° 18. — Initiales corps cinquante-six.

IMPAVIDUM

N° 19. — Initiales italiques corps cinquante-six.

IMPAVIDUM

NOUVELLE FONDERIE DE JULES DIDOT L'AINÉ, BOULEVARD D'ENFER, 4, A PARIS.

N° 36. — Corps quarante-huit.

LE JARDIN DES

N° 37. — Corps soixante-quatre.

N° 38. — Corps quatre-vingt-quatre.

N° 39. — Lettres montées sur bois.

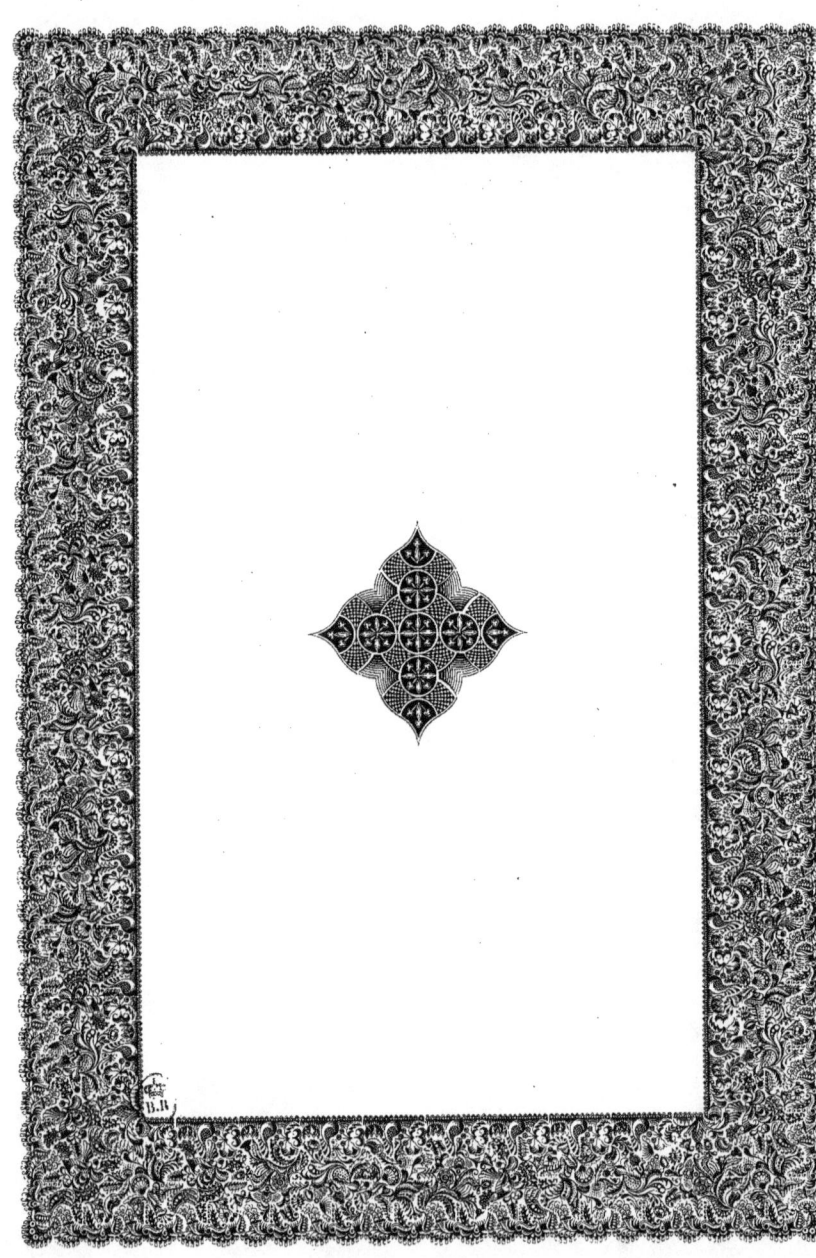

NOUVELLE FONDERIE DE JULES DIDOT L'AINÉ, BOULEVARD D'ENFER, 4, A PARIS.

Suite du corps trente-six. — (Vignettes crénées.)

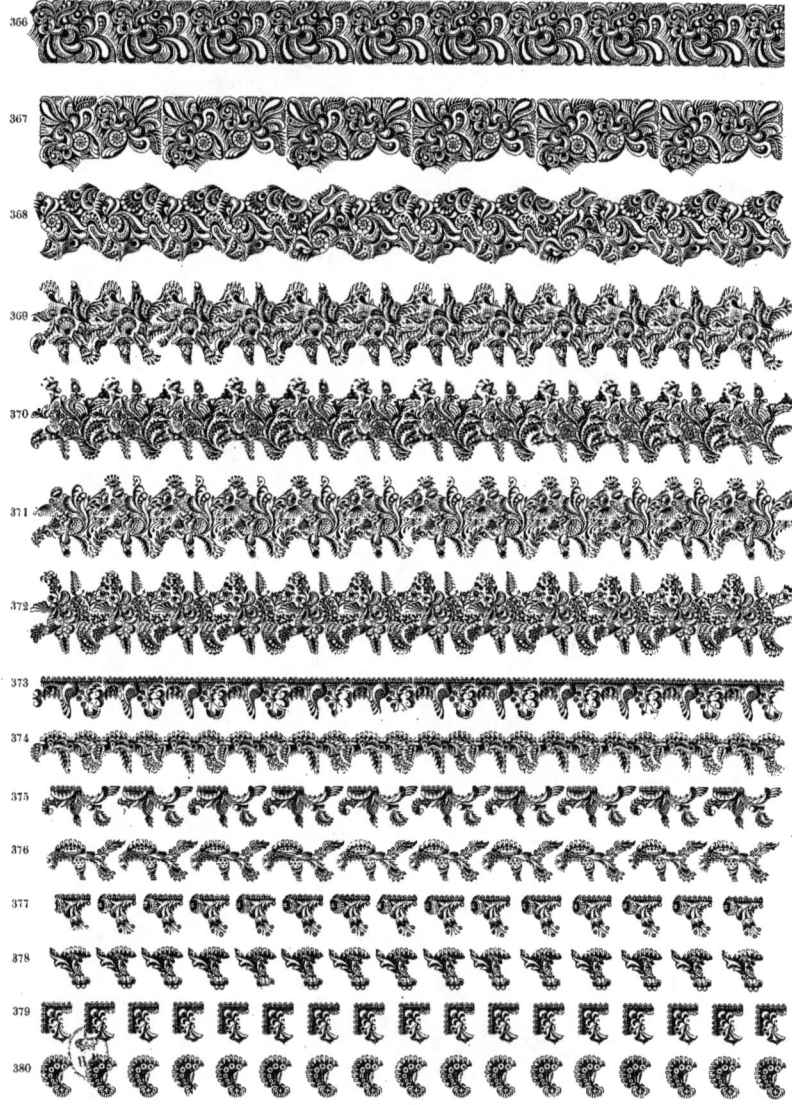

Suite du corps vingt-quatre.

CORPS VINGT-HUIT.

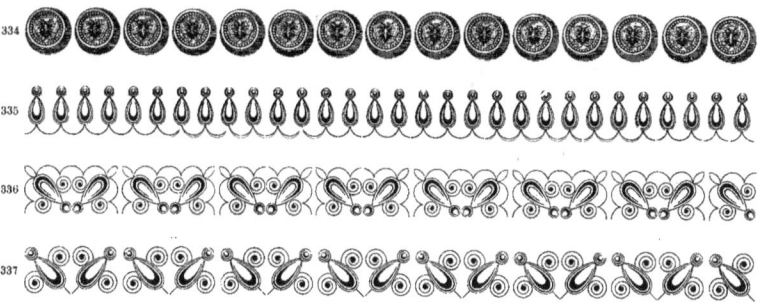

CORPS TRENTE-DEUX.

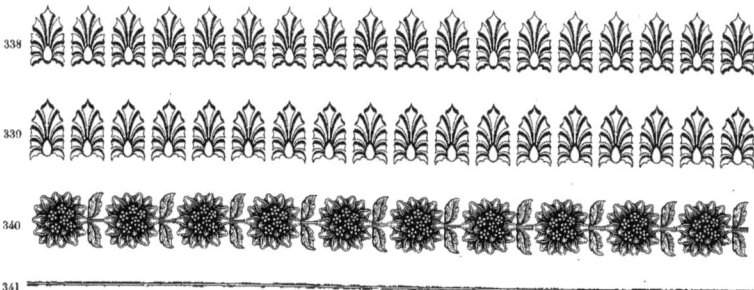

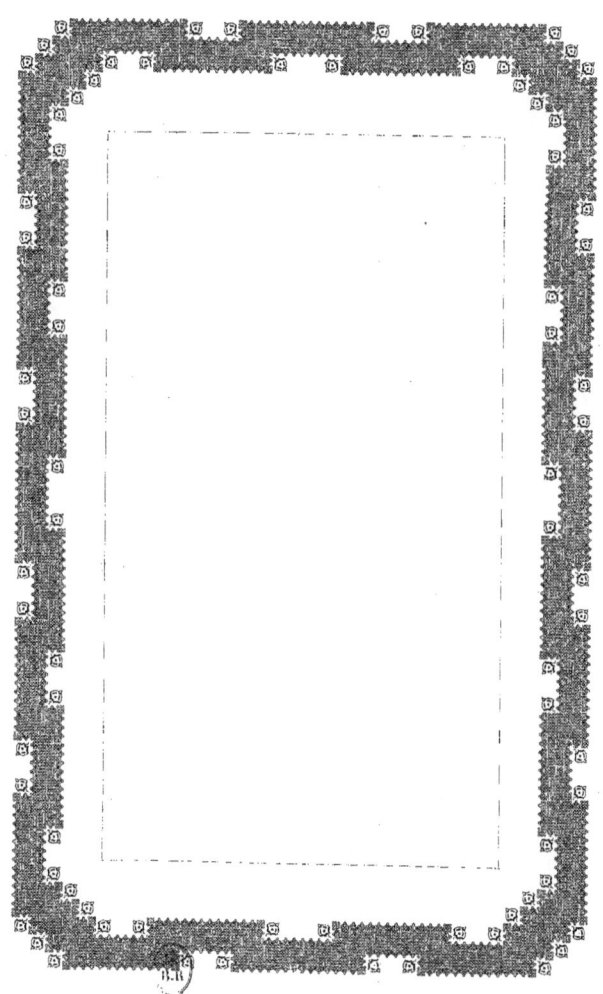

CORPS VINGT-QUATRE.

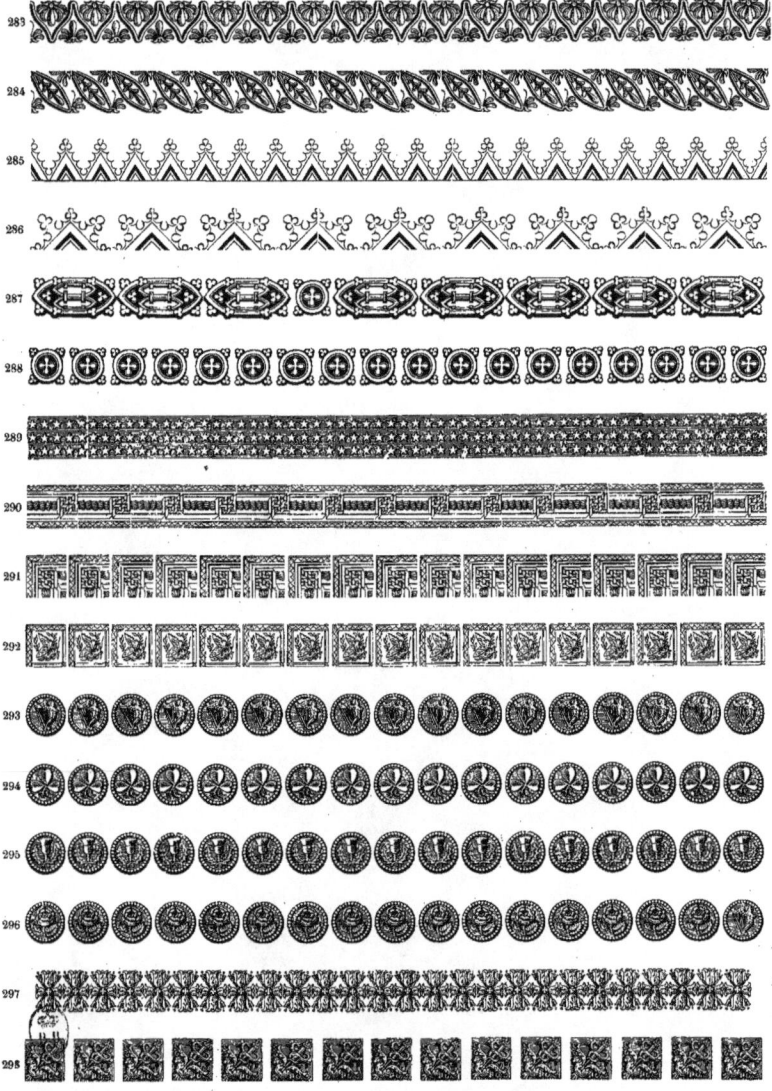

NOUVELLE FONDERIE DE JULES DIDOT L'AÎNÉ, BOULEVARD D'ENFER, 4, A PARIS. 27

Suite du corps vingt-quatre.

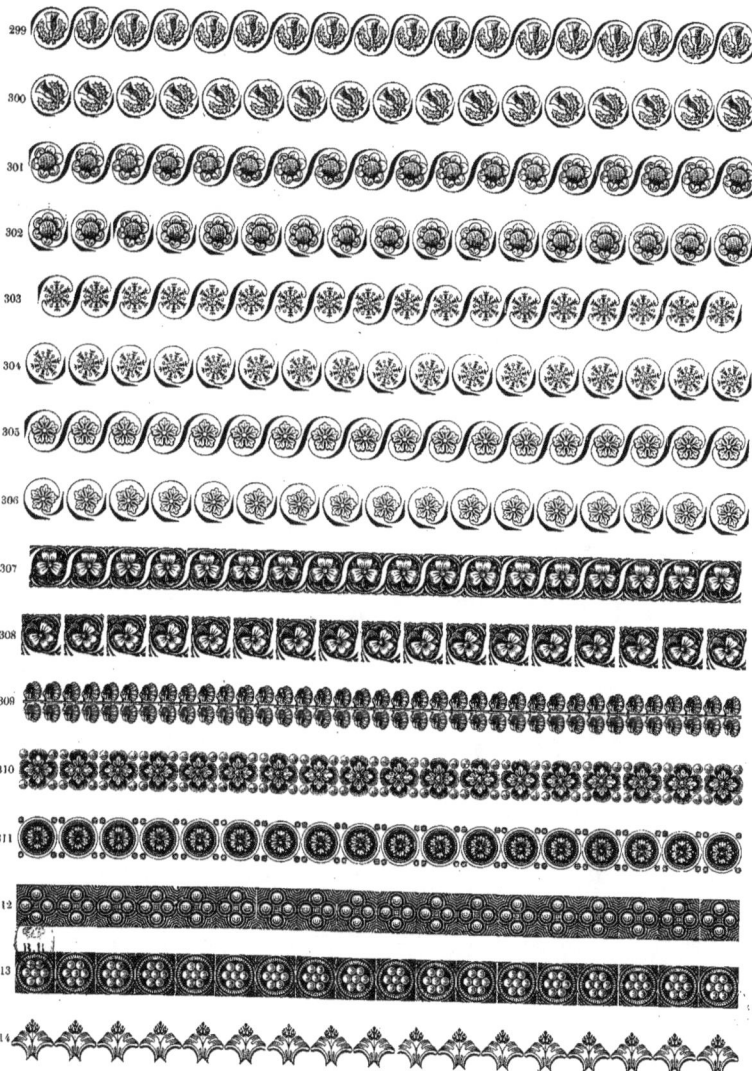

CAPITALES ET INITIALES.

N° 1. — Capitales corps sept.

SI FRACTUS ILLABATUR ORBIS IMPAVIDUM FERIENT RUINÆ

N° 2. — Capitales corps onze.

SI FRACTUS ILLABATUR ORBIS IMP

N° 3. — Capitales corps douze.

SI FRACTUS ILLABATUR ORBIS IM

N° 4. — Capitales corps quatorze.

IMPAVIDUM ILLABATUR ORBIS

N° 5. — Capitales corps seize.

IMPAVIDUM FERIENT RUI

N° 6. — Capitales corps dix-huit.

IMPAVIDUM FERIENT RU

N° 7. — Capitales corps vingt.

IMPAVIDUM FERIENT

N° 8. — Initiales corps dix-huit.

IMPAVIDUM FERIEN

N° 9. — Initiales corps vingt.

IMPAVIDUM FERIE

N° 10. — Initiales corps vingt-deux.

IMPAVIDUM FERIENT RUINÆ OMN

N° 11. — Initiales corps vingt-quatre.

IMPAVIDUM FERIENT RUINÆ

N° 12. — Initiales corps vingt-huit.

IMPAVIDUM FERIENT RUI

N° 13. — Initiales corps trente-deux.

IMPAVIDUM FERIENT N

NOUVELLE FONDERIE DE JULES DIDOT L'AINÉ, BOULEVARD D'ENFER, 4, A PARIS.

N° 28. — Corps vingt-quatre.

SI FRACTUS ILLABATUR ORBIS

N° 29. — Corps vingt-quatre.

SI FRACTUS

N° 30. — Corps vingt-huit.

SI FRACTUS ILLABAT

N° 31. — Corps vingt-huit.

SI FRACTUS ILLABA

N° 32. — Corps trente-deux.

SI FRACTUS ILLABA

N° 33. — Corps trente-deux.

SI FRACTUS ILLAB

N° 35. — Corps trente-six.

Si Fractus Illabatur Or

N° 34. — Corps trente-six.

SI FRACTUS IL

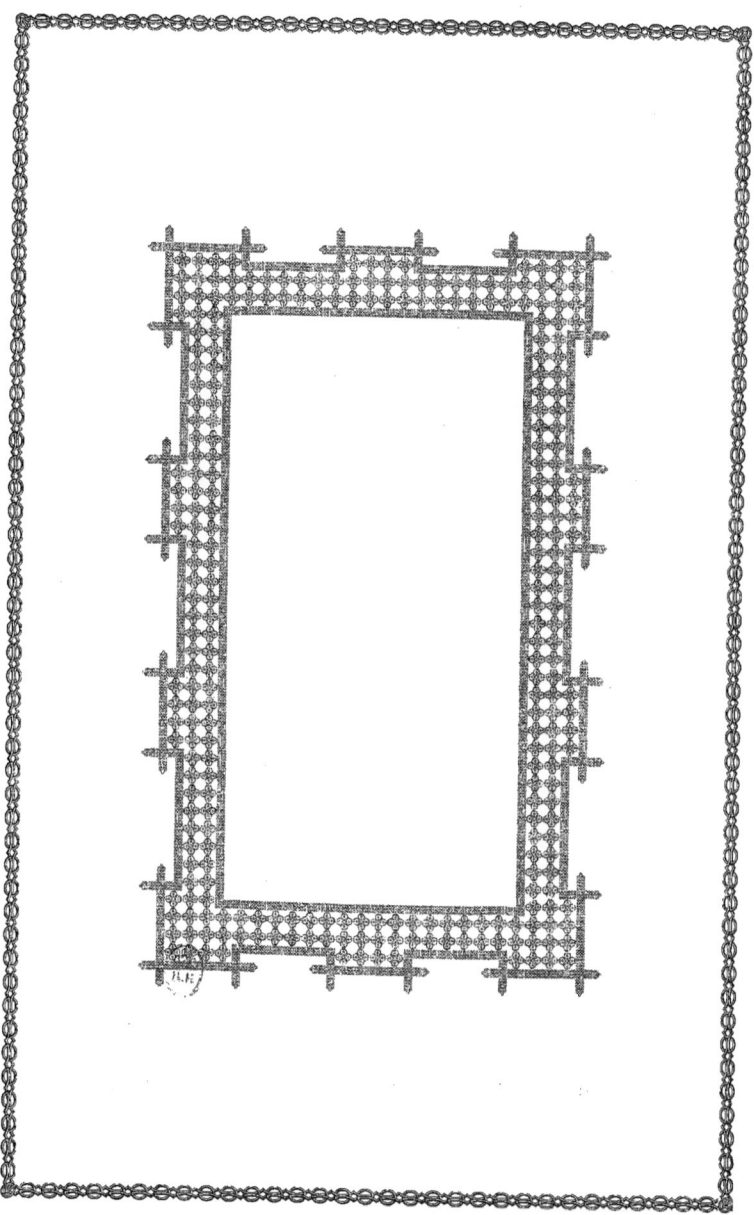

NOUVELLE FONDERIE DE JULES DIDOT L'AINÉ, BOULEVARD D'ENFER, 4, A PARIS. 30

CORPS TRENTE-SIX.

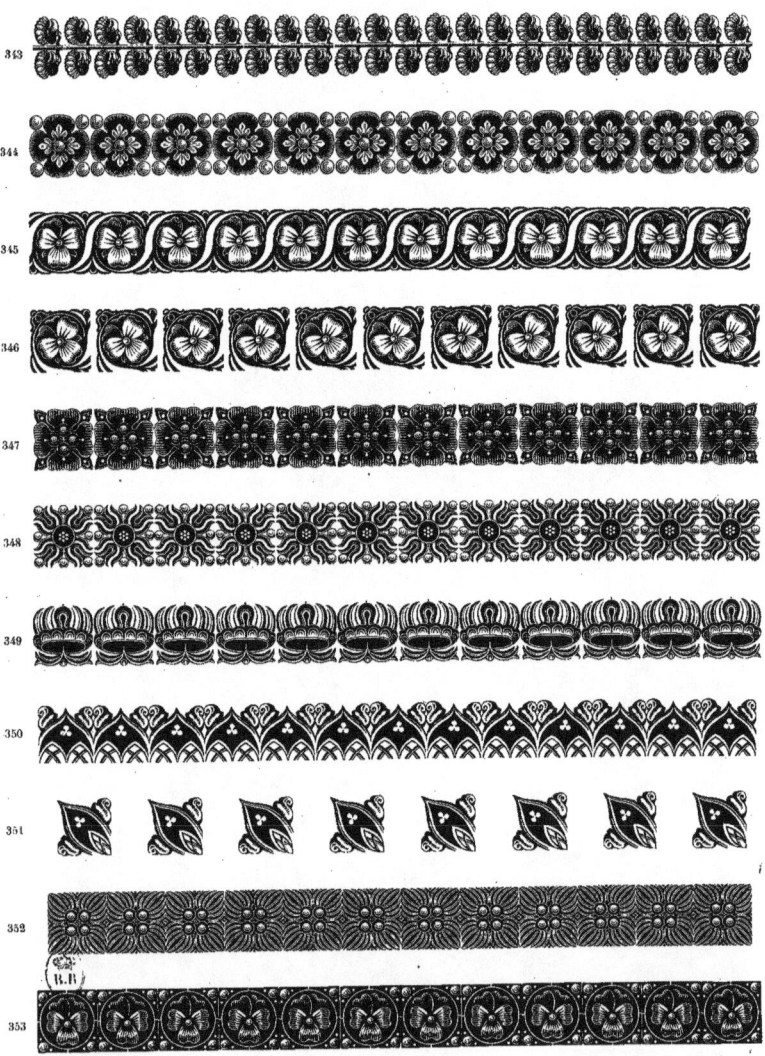

Suite du corps trente-six.

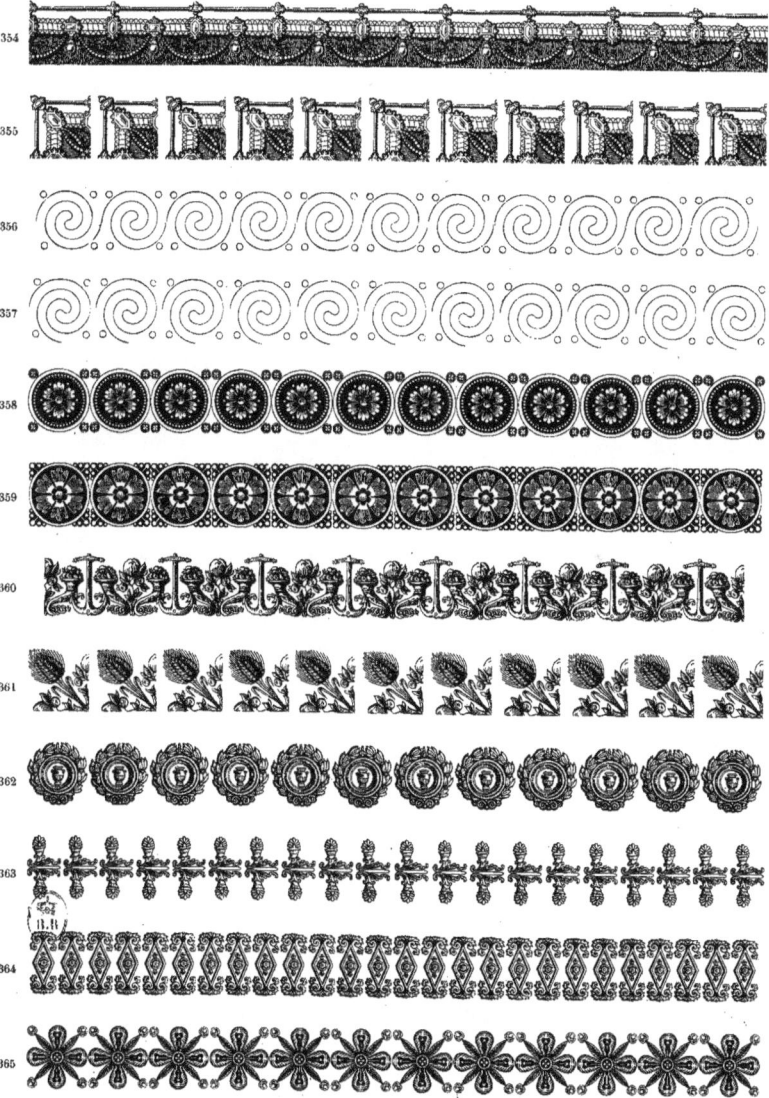

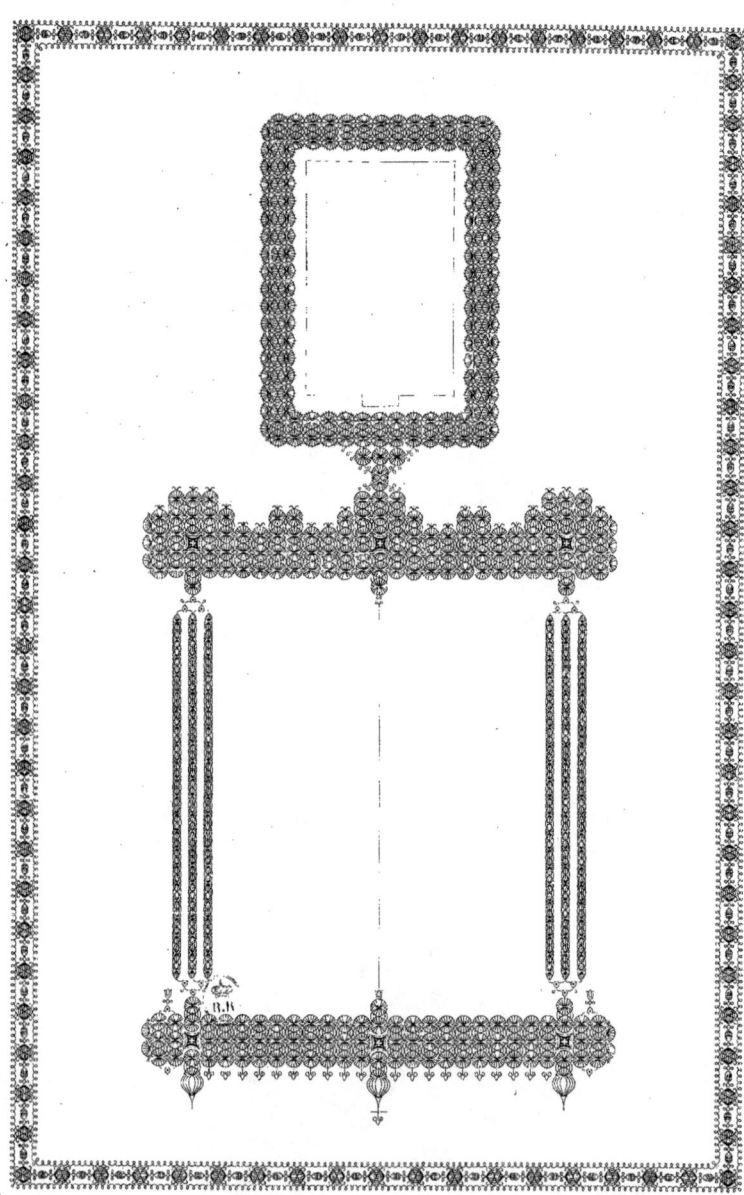

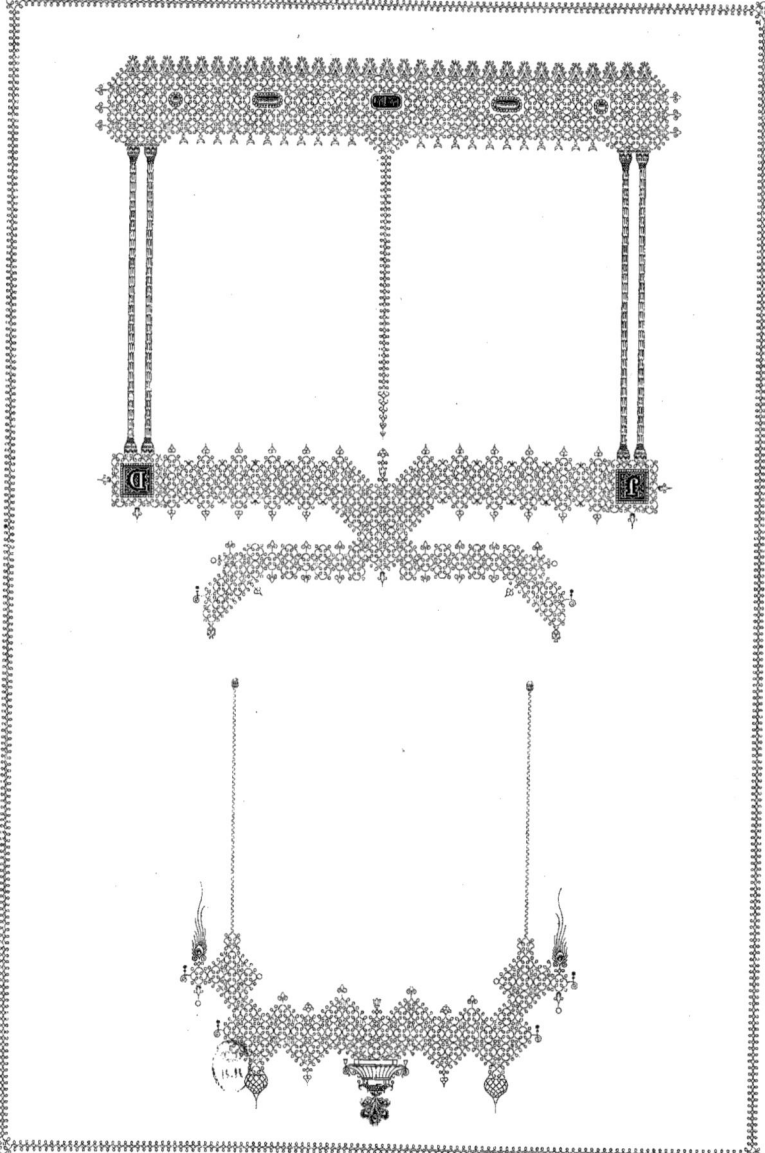

Suite du corps vingt-quatre.

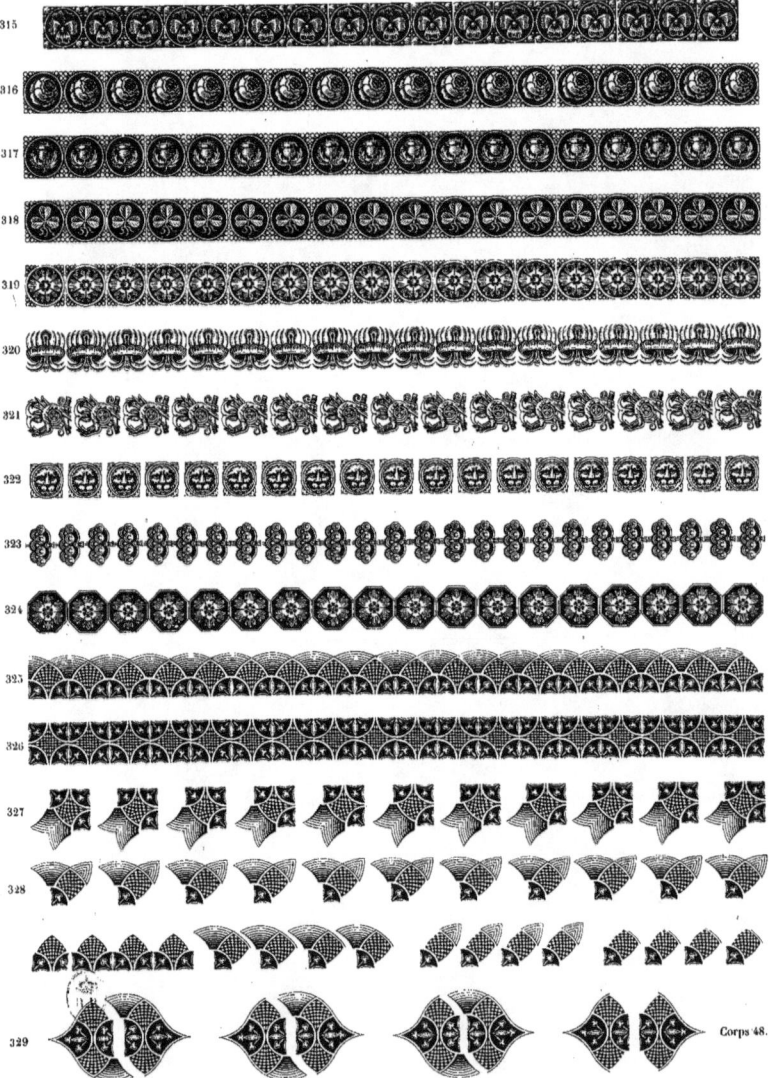

CORPS VINGT.

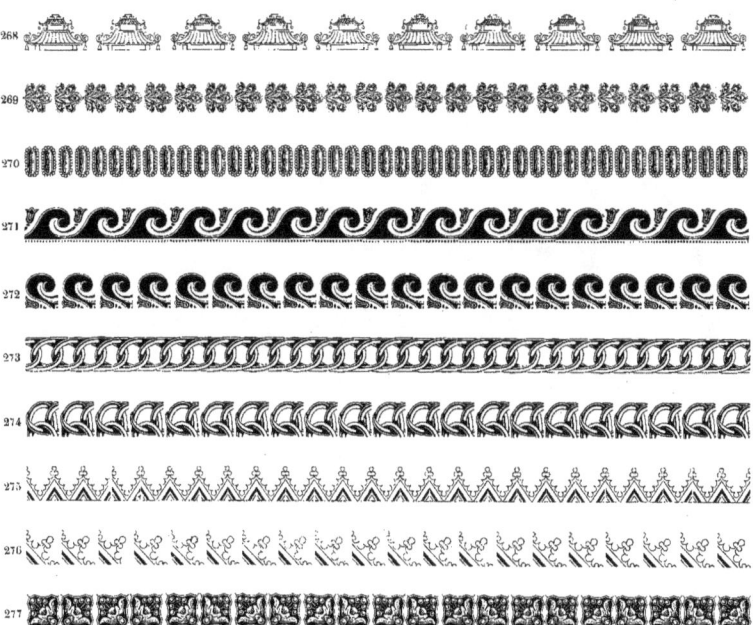

CORPS VINGT-DEUX.

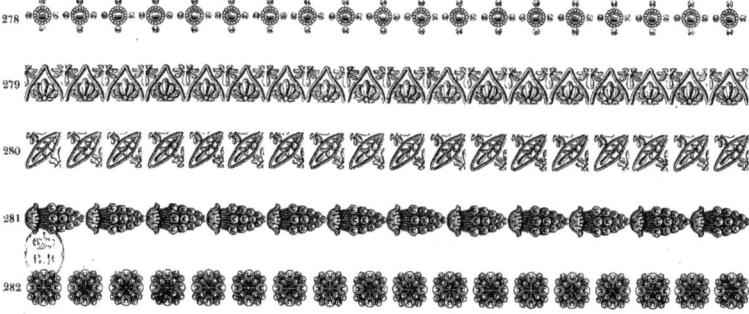

33

NOUVELLE FONDERIE DE JULES DIDOT L'AINÉ, BOULEVARD D'ENFER, 4, A PARIS.   22

CORPS DOUZE.

CORPS TREIZE ET QUATORZE.

CORPS QUINZE.

ACCOLADES.

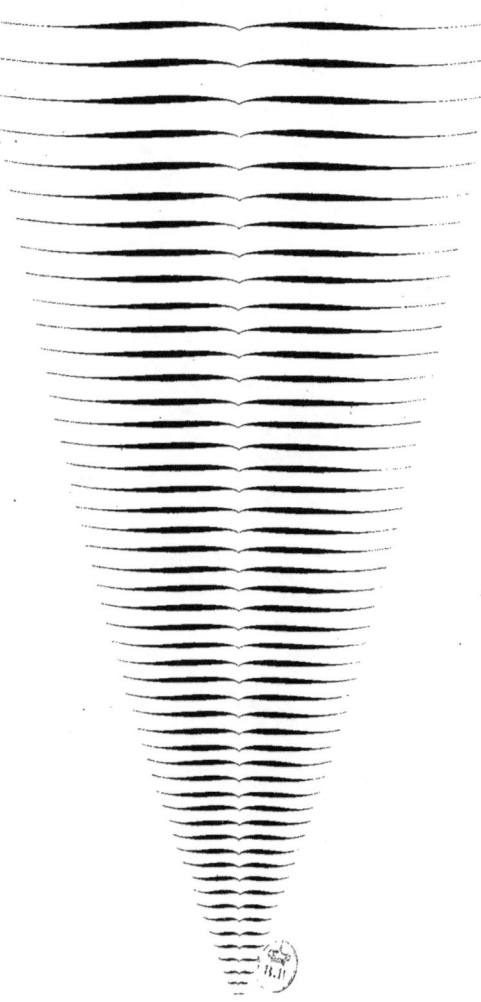

NOUVELLE FONDERIE DE JULES DIDOT L'AÎNÉ, BOULEVARD D'ENFER, 4, A PARIS. 11

FILETS ANGLAIS NOIRS.

NOUVELLE FONDERIE DE JULES DIDOT L'AINÉ, BOULEVARD D'ENFER, 4, A PARIS.

CARACTÈRES DE FANTAISIE.

N° 1. — Corps quatre.
SI FRACTUS ILLABATUR ORB

N° 2. — Corps cinq.
SI FRACTUS ILLABATUR

N° 3. — Corps neuf (capitales et bas de casse).
Si Fractus illabatur O

N° 4. — Corps onze (capitales et bas de casse).
Si Fractus illab

N° 5. — Corps onze.
SI FRACTU

N° 14. — Corps vingt.
Zivni Swainn aub dan wafnu

N° 6. — Corps neuf (capitales et bas de casse rom.).
Dux inquieti turbidus Hadria, Nec fulminantis magna Jovis manus: Si fractus illabatur orbis, Impavidum

N° 7. — Corps neuf (capitales et bas de casse ital.).
Dux inquieti turbidus Hadria, Nec fulminantis magna Jovis manus, Si fractus illabatur orbis impavidum

N° 8. — Corps treize (capitales et bas de casse).
Si fractus illabatur orbis, Impavidum ferient ruinæ. Dux inquieti, etc.

N° 9. — Corps dix-huit.
SI FRACTUS ILLABATUR ORBIS, IMPAVIDUM

N° 10. — Corps dix-huit.
SI FRACTUS ILLABATUR ORBIS, IMPAVIDUM

N° 11. — Corps dix-huit.
SI FRACTUS ILLABATUR ORBIS, IMPAVIDUM

N° 12. — Corps vingt-quatre.
SI FRACTUS ILLABATUR ORBIS, IM

N° 13. — Corps trente-deux.
SI FRACTUS ILLABATUR ORBIS

N° 15. — Corps six.
SI FRACTUS ILLABATUR ORBIS, IMPAVIDUM FERIENT RUINÆ

N° 16. — Corps six.
SI FRACTUS ILLABATUR ORBIS, IMPAVIDUM FERIE

N° 17. — Corps huit.
SI FRACTUS ILLABATUR ORBIS, IMPA

N° 18. — Corps huit.
SI FRACTUS ILLABATUR ORBIS, IMPA

N° 19. — Corps onze.
SI FRACTUS ILLABATU

N° 20. — Corps quinze.
SI FRACTUS ILLAB

N° 21. — Corps onze.
SI FRACTUS ILLABATUR ORBIS

N° 22. — Corps dix.
SI FRACTUS ILLABATUR ORBIS

N° 23. — Corps dix.
SI FRACTUS ILLABATUR ORBIS,

N° 24. — Corps neuf.
SI FRACTUS ILLABATUR

N° 25. — Corps douze.
SI FRACTUS ILLAB

N° 26. — Corps douze.
SI FRACTUS ILLAB

N° 27. — Corps quinze.
SI FRACTUS ILLAB

FILETS ANGLAIS NOIRS COMPOSÉS.

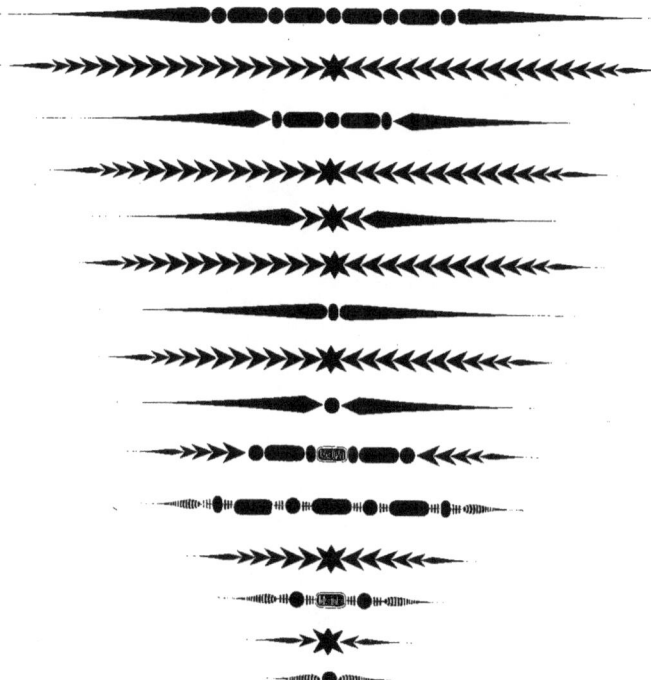

CORPS SIX.

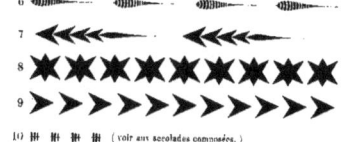

ACCOLADES ORNÉES COMPOSÉES.

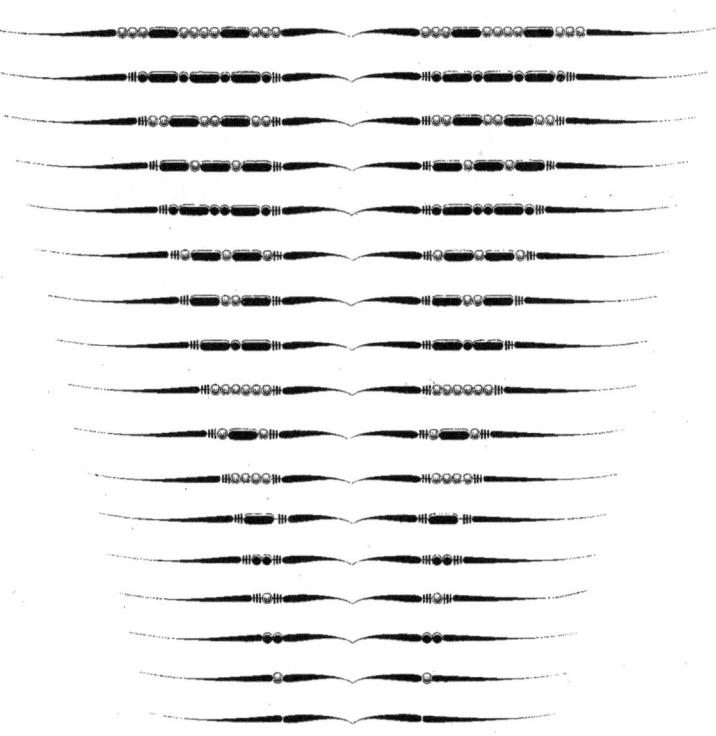

CORPS SIX.

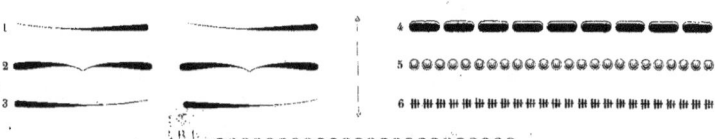

FILETS ANGLAIS ORNÉS.

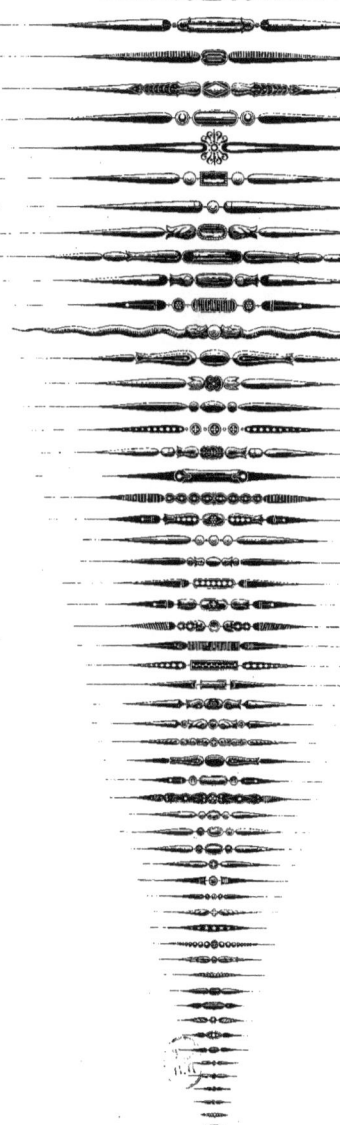

41.

NOUVELLE FONDERIE DE JULES DIDOT L'AINÉ, BOULEVARD D'ENFER, 4, A PARIS.

CORPS HUIT ET HUIT ET DEMI.

CORPS NEUF.

CORPS DIX.

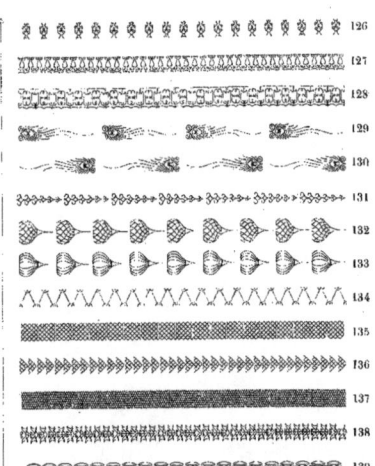

NOUVELLE FONDERIE DE JULES DIDOT L'AÎNÉ, BOULEVARD D'ENFER, 4, A PARIS.

VIGNETTES.

CORPS QUATRE.

CORPS CINQ.

CORPS SIX.

CORPS SEPT.

43

NOUVELLE FONDERIE DE JULES DIDOT L'AINÉ, BOULEVARD D'ENFER, 4, A PARIS.

CORPS SEIZE.

CORPS DIX-HUIT.

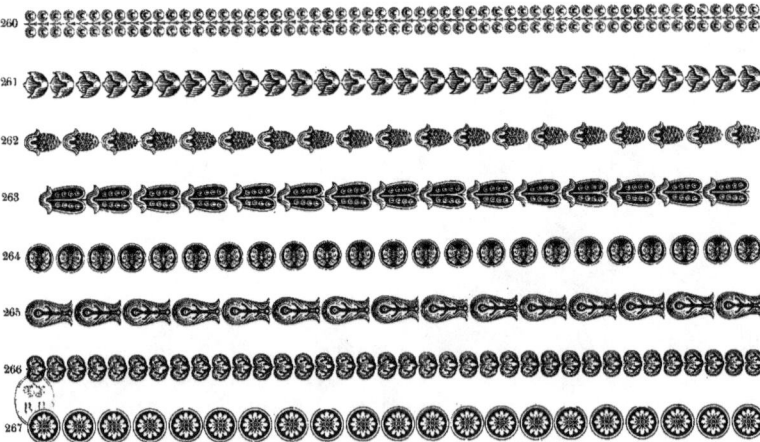

NOUVELLE FONDERIE DE JULES DIDOT L'AINÉ, BOULEVARD D'ENFER, 4, A PARIS. 21

Suite du corps dix.

CORPS ONZE.

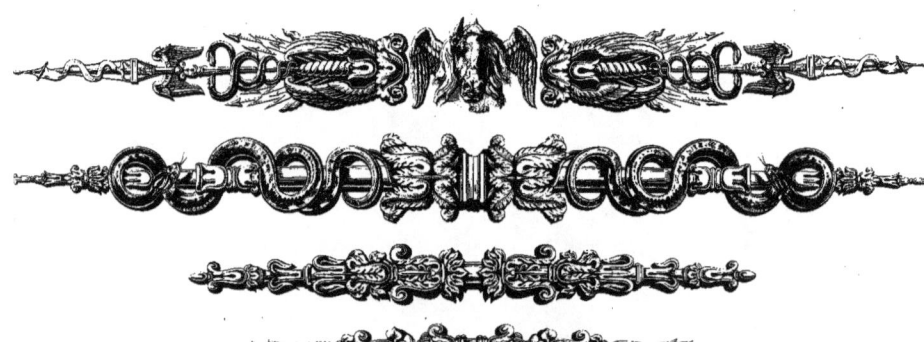

47

49

50

51

CINQ GROS ŒIL.

HUIT GROS ŒIL.

54

www.ingramcontent.com/pod-product-compliance
Lightning Source LLC
Chambersburg PA
CBHW070305100426
42743CB00011B/2361